# Tejerás el destino
# You Will Weave Destiny

by Xánath Caraza

Translated by Sandra Kingery
& Aaron Willsea

FLOWERSONG
PRESS

FlowerSong Press
Copyright © Xánath Caraza
Copyright © Sandra Kingery, English Translation
Copyright © Stephen Holland-Wempe, Imagen de portada.
Título, Tejerás el destino.
ISBN: 978-1-963245-54-7

Published by FlowerSong Press
in the United States of America.
www.flowersongpress.com

Cover Design by SageLight Design
Layout by Carlos Fidel Espinoza
Set in Adobe Garamond Pro

NOTICE: SCHOOLS AND BUSINESSES
FlowerSong Press offers copies of this book at a quantity discount with bulk purchases for educational, business, or sales promotional use. For information, please email the Publisher at info@flowersongpress.com.

*Gracias al Westchester Community College Humanities Institute por su apoyo durante la creación de **Tejerás el destino**.*


*Gratitude to Westchester Community College Humanities Institute for their support during the creation of **You Will Weave Destiny***

# Índice / Contents

Prólogo
Preface

# Prólogo

Viajar y transportarse es vivir diferentes estaciones y tiempos. Es una parte esencial en la poesía de Xánath Caraza. La sensación de estas páginas de Tejerás el destino es la complejidad de las imágenes que se nos presentan. Son imágenes y objetos náhuatl que vienen como ofrendas para nuestra apreciación y aproximarnos a tiempos que en un principio son remotos.

A su vez esta colección de poemas es la rendición de un apasionado homenaje a una de las mujeres que destacaron en la sociedad de Tenochtitlan del siglo XV.

Macuilxochitzin o Macuilxochitl, poeta nacida en los años más prósperos de la expansión de la civilización Azteca. Hija del consejero real Tlacaélel y sobrina del guerrero Tlatoani Axayácatl. Su vida y sus obras son un ejemplo del paralelismo de género en el México prehispánico en el que las mujeres tenían iguales oportunidades de las que disfrutaban los hombres.

Según el antropólogo e historiador Miguel León-Portilla, hay varios cronistas que hacen referencia a cantos cuyos autores son mujeres; sin embargo, lo lamentable es que no se tiene conocimiento de muchos de los nombres de sus autoras. Dichos cantos demuestran su talento poético y la profundidad de sus mensajes, como por ejemplo consejos a sus hijas pequeñas, el discurso de ancianas, o las palabras de la partera, quien con experiencia de su labor aconseja a las madres que están a punto de dar a luz, no interesando si eran primerizas o no, ya que es un momento doloroso físicamente, pero al mismo tiempo especial y mágico. Son palabras que fluyen como sangre y agua en la construcción de vida, a la continuación del crecimiento de sociedades y regeneración cíclica de la visión mesoamericana.

Aquella colección de cantos ciertamente es un tesoro y dentro de esta riqueza literaria se encuentra un canto cuya autora es la señora Macuilxochitzin oriunda de Tenochtitlan, nacida en 1435. El cronista mestizo del siglo XVI, Hernando Alvarado Tezozómoc, escribe que aquella forjadora de cantos era la octava de doce hijos, cuyo padre fue el gran Tlacaélel, celebérrimo consejero o Cihuacóatl de los reyes aztecas. A su vez, de ella nació el príncipe Cuauhtlapaltzin. Al leer su canto puede desprenderse que Macuilxochitzin pudo haber conocido muchos de los consejos de su padre al emperador Axayácatl y que este enfrenta a diversos grupos que terminan formando parte del imperio. En uno de estos encuentros el emperador es herido y la poeta azteca relata algunos detalles sobre la suerte del que lo hirió.

Xánath Caraza reúne estos escasos (y únicos) elementos de contexto para elaborarlos y darnos algo más que la historia "oficial", aproximándonos a algo más personal y sensible. Resalta la importancia de aquella mujer, quien a través de su lírica y filosofía nos extiende el puente para cruzar y conocer más de cerca su mundo, la vida tradicional, sus alegrías, temores y angustias. Es la intrahistoria a la que hacía referencia Miguel de Unamuno.

La voz poética viaja a los tiempos del nacimiento de Macuilxochitzin, cuyo nombre llevaba ya una misión, ya sea porque nació en un día del calendario que llevaba precisamente la fecha 5-Flor (que es el significado de su nombre) o porque haya sido un apodo al ser conocida su afición por la poesía. Asimismo, es uno de los títulos con que se invocaba al dios de las artes, del canto y la danza y con relación a los antiguos textos náhuatl este día era destinado a forjar cantos.

Las imágenes que presenta Caraza en el primer poema, "Macuilxochitzin", nos dan una visión de lo especial del momento, así como en varios de los siguientes poemas, "Tejerás el destino", "La madre da a luz", "Lluvia de pétalos", "Poeta de jade", "De la poesía eres", "Áurea poeta", "Nobleza en tu linaje" y "Blanco huipil", entre otros.

Al saber de su linaje podemos saber que su educación tenía que ser esmerada. León-Portilla en su libro Quince poetas del mundo azteca, hace referencia a que la poeta azteca seguramente escuchó los consejos de la madre en los que la "niñita …es como un jade, como un plumaje de quetzal, como lo más preciso que brota en la tierra." La autora inicia el poemario describiéndonos la destreza de la poeta azteca como forjadora de cantos, cuyas palabras son "caracolas" o "diseños de obsidiana / la palabra sagrada…/ un pincel /…Frente a los manantiales / Las letras nacen…/ La voz se llena de jade / Das vida."

Son cuidadas y bien labradas las imágenes ofrecidas por Caraza en sus versos, porque se mantiene fiel a las características de los versos náhuatl, y al mismo tiempo aflora naturalmente su vocación educadora al mostrarnos palabras que suenan mejor en el idioma original como "Xóchitl" o "Cuícatl," cantos percibidos como de inspiración divina, así como los sonidos de los tambores "huehuetl" y "teponaztli".

Cabe destacar que Macuilxochitzin no era solamente poeta. La capacidad de presentar un concepto de vida a través de imágenes u objetos que para su sociedad en aquel tiempo tenían un valor inconmensurable, no era solo el ser poeta sino también ser filósofa. Por tanto, en el homenaje tan sentido y apasionado, la autora cuida mucho el estilo y la estética, evocando recuerdos y promoviendo el diálogo interior. La voz poética del presente es poseída por el espíritu de la poeta azteca. La espiritualidad y la introspección son elementos muy importantes en la poesía náhuatl y la autora los elabora muy bien en este y sus anteriores poemarios.

Sumamos a esto el ritmo y la medida como los elementos formales. Leemos versos musicales como lo eran los versos náhuatl, como si fueran concebidos para llevar acompañamiento musical o ser cantados.

Otro tema muy presente y especialmente cultivado por Caraza es el tema de la vida como un misterio que no puede ser resuelto. Un misterio vital que incluye el destino humano. Así Macuilxochitzin en su canto se pregunta si sus palabras tendrán un destino más allá del tiempo, aunque se reconforta con saber que la escuchan en su presente. En ese aspecto la voz poética toma ese fluir del pensamiento mesoamericano del siglo XV y nos lo trae y lo hace perdurar en el tiempo. Ese destino humano no es otra cosa que el paso inclemente del tiempo, "lo efímero" de la vida, una angustia patente. Como el ciclo de las cosas, la poeta náhuatl se renueva con los versos de la voz poética del presente que tiene el poder de viajar: "En un invierno del medio oeste, entre COVID e incertidumbre, pienso en ti… veo cómo tus primeros llantos fueron cubiertos de piedras preciosas. Yo también estuve ahí."

La esencia se mantiene tanto en el fondo de la temática mesoamericana como en lo formal en los que hay las figuras propias de los "cuícatl" náhuatl como el difrasismo, la perífrasis, la repetición y el paralelismo.

Habiendo leído a Xanath Caraza varias veces, puedo decir que mucha de su poesía encierra todos estos elementos, tejiendo imágenes, sonidos y sensaciones. Los sentidos están en constante acción y de allí también es que se recrea el mundo y la visión náhuatl, cuyo destino se va forjando o tejiendo. Es la misión y legado que nos deja Macuilxochitzin: "poeta con sangre de obsidiana," que trasciende y por los que hay que celebrar con un conjuro, con cantos "cuitatl" y danza "maconnetotilo".

Por eso también la razón del título del poemario, en el que complejidad y belleza van de la mano.

La poeta azteca conocía el arte del telar y del bordado junto con el de preparar exquisitos platillos y bebidas, pero igualmente hacía lo mismo con los cantos o poemas. Macuilxochitzin tejía el destino de una cultura, de una sociedad, de las hazañas de los líderes de su momento, incluyendo los consejos de estado de su padre, quien habrá disfrutado de los dones de su hija.

Así Caraza nos dice "Hija de Tlacaélel: / mujer noble / de privilegiada cuna… El talento mezclado en las venas / El canto se forjó en tu espíritu, / los dioses se albergaron en tu huipil…En tu piel habitan tatuajes sagrados / que abren el corazón a las artes. / La poesía es tu aliento."

Como se dijo anteriormente, al estar la poeta alrededor de su padre, esta se habrá enterado de las diferentes conquistas y rencillas entre aztecas y demás grupos náhuatl. En 1476 los aztecas se aprestaron a la guerra una vez más. Además de las referencias a los consejos estratégicos de su padre y de las hazañas del emperador Axayácatl, no pierde oportunidad para en su canto también evocar la actuación decisiva de un grupo de mujeres otomíes que con sus suplicas al emperador salvaron la vida del capitán matlatzinca Tlílatl que lo había herido. Resulta de interés aquel detalle en el que la poeta reconoce la gran valía de las otomíes al intentar salvar a su líder, ya que la forjadora de cantos se reconoce e identifica con aquellas mujeres y posiblemente hubiera actuado de igual forma ante el peligro de su líder. Resalta el carácter de aquellas mujeres y al mismo tiempo subraya su nobleza al reconocerlas.

La voz poética busca abrazar a la poeta mesoamericana para

comprender y darnos a entender ese mundo que lamentablemente fue mutilado al producirse el choque con la cultura occidental. Ese abrazo se confunde con un silencio que permite la conexión del pasado con el presente, una comunicación perfecta de corazón y mente, aquella que revela los secretos de la forjadora de cantos y sellan el encuentro con "la melodía [del] viento entre las hojas."

Un aspecto importante para considerar en los versos de Caraza es el tema del poder de la escritura y la secuencia de las imágenes que lo representa: La noche, como el momento propicio para la inspiración; la obsidiana líquida, que permite plasmar el corazón y la mente; el papel amate como prueba que trasciende; el agua que representa el fluir de las ideas y el paso del tiempo. Finalmente, Venus es la fuerza femenina que inspira la escritura y se mantiene, aunque amanezca, "…sostiene su brillo."

La conexión con el más allá y el más acá se ve representada por el xoloitzcuintli que "ladra en la distancia / anuncia el paso de los ancestros, / ritmos que guían a quienes hoy han dejado la tierra." Es el guía en la oscuridad, como otra forma de representar a la luz de Venus. El origen es el dios Xólotl, hermano de Quetzalcóatl y cuya misión era guiar al sol al inframundo y protegerlo de sus peligros. En los versos de Caraza el perro xólotl anuncia el paso de los ancestros y se unen a la voz de la poeta quien es mensajera protegida por dios, cuya traducción del náhuatl al español es "corazón del cielo," "el dueño del lejos y del cerca" o "dador de la vida."

La naturaleza es muy importante en la mayoría de los poemas que presenta, porque sirve de refugio en el proceso de la creación. La voz poética del presente viaja nuevamente, y está poseída por el espíritu de Macuilxochitzin, caminando en Tezcutzingo, el jardín mandado a construir por el Rey Poeta, Nezahualcóyotl. Los jardines son un paraíso de bellezas naturales, flores, colibríes, cenzontles, tucanes y luciérnagas. Es el refugio de ambas poetas, que caminan por estos jardines espiritualmente, una de comunicación entre los espíritus del allá y el acá, y en la que la voz poética da sonido a las palabras de la forjadora de cantos. Le habla en segunda persona como para confirmar su imaginación, sus pasos, su recorrido por el jardín.

Las palabras y acciones de la poeta azteca no se pierden en el viento y perduran en los recuerdos, "la memoria de tu pueblo, / la historia de tu sangre…Las batallas se recuerdan / los astros son reconocidos."

Finalmente, el cuerpo de Macuilxochitzin se esparce en el universo, es arte, es música, es naturaleza representada por el jade, el huracán, mariposa y orquídeas nocturnas.

Para concluir, Tejerás el destino nos da más que la historia. Nos da la constitución interior del ser poético. Nos lleva a lo que la poeta de Tenochtitlan habría experimentado como mujer, hija, cronista, poeta, esposa y madre; y a su vez nos aproxima a las raíces mexicanas, a la riqueza de sus culturas, y su visión del mundo. Xánath Caraza nos da una grata sorpresa con estos poderosos versos finamente labrados, apasionados, 'transgrediendo' el tiempo y espacio, poniendo el frescor de la poesía náhuatl en nuestros sentidos y haciéndole homenaje a una de las poetas destacadas prehispánicas. Fue sin duda una mujer que pintó el mundo en el que vivía con su don poético, bordó imágenes que inicialmente estaban fragmentadas y trascendió su filosofía de vida a través de las centurias. El poemario abre la puerta a una dimensión íntima en la que se enfatiza la importancia de la voz de la mujer y su papel activo en la sociedad prehispánica mexica, así como también alimenta el seguir explorando más sobre esta y otras forjadoras de canto. Tejerás el destino es de una riqueza invaluable puesto que nos hace reflexionar sobre la identidad tanto individual como étnica y cultural. Como concluye la voz poética en el último poema: "Viviste el esplendor / de tu cultura, mis raíces, / que apenas puedo entender."

**Álvaro Torres-Calderón, Ph.D.**
Associate Professor of Spanish
Department of Spanish & Portuguese
University of North Georgia

# Preface

Traveling and being transported to another place means experiencing different seasons and times. It is an essential part of Xánath Caraza's poetry. The feeling given by the pages of You Will Weave Destiny stems from the complexity of the images with which we are presented. These Nahuatl images and objects appear as offerings for our appreciation and to bring us closer to times that initially seem remote.

This collection is also a passionate homage to one of the women who made a difference in fifteenth century Tenochtitlan.

Macuilxochitzin or Macuilxochitl was a poet born during the most prosperous period of the expansion of the Aztec civilization. Daughter of the royal advisor Tlacaelel and niece of the Tlatoani warrior Axayacatl. Her life and her texts are an example of the gender parallelism of pre-Hispanic Mexico where women had the same opportunities as men.

According to the anthropologist and historian Miguel León-Portilla, there are several chroniclers who refer to the cantos (songs) penned by female authors; unfortunately, we do not know the names of many of these women. The aforementioned songs reveal the poetic talent and the profundity of the female poets' messages, such as, for example, advice to their young daughters, addresses by elderly women, or the words of midwives who, with the experience of their own labor, give advice to mothers who are about to give birth, whether for the first time or not, since it is a time that is not only physically painful, but special and magic. These are words that flow like blood and water in the creation of life, the continued growth of societies, and the cyclical regeneration of the Mesoamerican vision.

That collection of songs is certainly a treasure and within this literary richness is a song by Macuilxochitzin, native of Tenochtitlan, both in 1435. Hernando Alvarado Tezozómoc, the mestizo chronicler from the sixteenth century, writes that this forger of songs was the eighth of twelve children, and her father was the great Tlacaelel, the extremely famous advisor, or Cihuacoatl, to the Aztec kings. In addition, Macuilxochitzin was the mother of Prince Cuauhtlapaltzin. Macuilxochitzin's poetry makes it clear that she was familiar with much of the advice her father gave Emperor Axayactl, who confronted diverse groups that would end up joining the empire. In one of these encounters, the emperor was wounded, and Macuilxochitzin recounts some specifics about the destiny of the man who wounded him.

Xánath Caraza brings these scarce (and one-of-a-kind) elements of context together to elaborate on them and give us something more than the "official" story, bringing us to something more personal and emotional. She emphasizes Macuilxochitzin's importance, as a woman whose lyrical poetry and philosophy offers us a bridge to cross over and more fully understand her world and traditional life, its joys, fears, and heartaches. It is the intrahistory to which Miguel de Unamuno referred.

The poetic voice in this collection travels to the time of Macuilxochitzin's birth. Her name already carried a mission, whether because she was born on a day of the calendar that carried the date 5-Flower (which is the meaning of her name) or because it became her nickname when her love for poetry became known. It is also one of the titles that was used to invoke the god of the arts, of song, and dance, and in ancient Nahuatl texts, that day was destined to forge songs.

The images that Caraza presents in the first poem, "Macuilxochitzin", gives us a vision of how special the moment is, as well as in several of the following poems, "You Will Weave Destiny", "Your Mother Gives Birth", "A Deluge of Petals", "Poet of Jade", "You Are of Poetry", "Golden Poet", "Nobility in Your Lineage", and "White Huipil", among others.

Knowing Macuilxochitzin's lineage, it is clear that her education must have been outstanding. León-Portilla, in his Fifteen Poets of the Aztec World, alludes to the fact that the Aztec poet was certain to have heard advice from her mother where the "little girl…is like jade, quetzal plumage, the most precious reality that come[s] forth upon earth." The author begins the collection by describing the skill of the Aztec poet as a forger of songs, whose words are "conches" or "Obsidian Designs / The Sacred Word … / A Paintbrush … / Before the Natural Springs / The Words Are Born … / Your Voice Fills with Jade / You

Give Life."

The images offered by Caraza in her verses are carefully selected and constructed, because she remains faithful to the characteristics of Nahuatl verses, and at the same time, her educational vocation surfaces naturally as she shows us words that sound better in the original language, like "Xochitl" or "Cuicatl," songs perceived as if by divine inspiration, as well as the sounds of the "huehuetl" and "teponaztli" drums.

It is worth noting that Macuilxochitzin was not only a poet. Her ability to present a concept of life through images or objects that had, for that society at that time, an immeasurable value meant she was not only a poet, but also a philosopher. For that reason, Caraza, in this deeply felt and passionate homage, is meticulous with both style and aesthetics, evoking memories and encouraging interior dialogue. The present-day poetic voice is possessed by the spirit of the Aztec poet. Spirituality and introspection are very important elements in Nahuatl poetry, and the author develops them very well in both this and her previous collections of poetry.

In addition, we have rhythm and meter as formal elements. The verses are musical, as Nahuatl verses always were, as if they were designed to be sung or accompanied by instruments.

Another theme that is very present and especially cultivated by Caraza is the theme of life as a mystery that cannot be resolved. A vital mystery that includes human destiny. In this way, Macuilxochitzin in her song wonders if her words will have a destiny beyond time, although she is comforted by knowing that her verses are heard in her present. In this aspect, the poetic voice takes the flow of Mesoamerican thought from the fifteenth century and brings it to us, making it persist over time. This human destiny is nothing but the implacable passing of time, that which is "ephemeral" about life, a tangible sense of anguish. Like the cycle of things, the Nahuatl poet is renewed with the verses of the present-day poetic voice that has the power to travel: "During a Midwestern winter, in the midst of COVID and uncertainty, I think of you ... I see how your first cries were covered in precious stones. I too was there."

This essence is maintained both in the background of the

Mesoamerican subject matter and in the formal elements that include the figures of speech typical of the Nahuatl "cuicatl," such as doublets, periphrasis, repetition, and parallelism.

Having read Xánath Caraza several times, I can say that much of her poetry encompasses all of these elements, weaving together images, sounds, and sensations. The senses are constantly engaged and that leads to the recreation of the Nahuatl world and vision, whose destiny is being forged or woven. This is the mission and legacy that we are left by Macuilxochitzin, "poet of obsidian blood," who transcends. We need to celebrate them with an incantation, con "cuitatl" songs and "maconnetotilo" dance.

That is also the reason behind the title of the collection, where complexity and beauty go hand in hand.

Macuilxochitzin, the Aztec poet, was familiar with the art of weaving and embroidering along with the art of preparing exquisite food and drink, but she did the same with songs and poems. Macuilxochitzin weaved the destiny of a culture, of a society, of the great deeds of the leaders of her time, including the councils of state of her father, who must have enjoyed seeing his daughter's talent.

Caraza tells us "Daughter of Tlacaelel: / noble woman of privileged birth / … Talent coursed through your veins. / Song was forged in your heart, / the gods sought refuge in your huipil. … / Sacred tattoos inhabit your skin. / They open your spirit to the arts. / Poetry is your breath."

As suggested above, since the poet was close to her father, she would have learned about the different conquests and quarrels between the Aztecs and other Nahuatl groups. In 1476, the Aztecs were preparing for war once again. In addition to the references to her father's strategic advice and the exploits of Emperor Axayacatl, Macuilxochitzin does not miss the opportunity to also evoke in her song the decisive action of a group of Otomi women whose entreaties to the emperor saved the life of Tlilatl, the Matlatzinca captain who had wounded him. The fact that Macuilxochitzin acknowledges the valor of the Otomi women who attempted to save their leader is noteworthy, since the forger of songs recognizes and identifies with those women and might possibly have acted in the same way were her leader in danger. She emphasizes the character of those woman and simultaneously underscores her own nobility through the act of recognizing them.

The poetic voice seeks to embrace the Mesoamerican poet to understand and aid our understanding the world that was so tragically mutilated when the collision with Western culture took place. That embrace is combined with a silence that allows the past to connect with the present, a perfect communication of heart and mind, which reveals the secrets of the forger of songs. Together they seal the encounter with the melody created by "the wind between the leaves."

Another important aspect to consider in Caraza's verses is the theme of the power of writing and the sequence of images that represent it: night, as the most auspicious moment for inspiration; liquid obsidian, which allows us to capture the heart and mind; amate paper, as proof that it transcends; water, which represents the flow of ideas and the passing of time. Finally, Venus is the feminine force that inspires writing and that remains, even though day is breaking, preserving "…her brilliance."

The connection between the here and the beyond is represented by the xolo dog that "barks in the distance / announcing the passing of the ancestors, / rhythms that guide those who / have left the Earth on this day." It is the guide in the darkness, like another way of representing Venus's light. Its origin is the god Xolotl, the brother of Quetzalcoatl, whose mission was to guide the sun to the underworld and protect it from dangers. In Caraza's verses, the xolo dog announces the passing of the ancestors, and they add their voices to that of the poet, who is a messenger protected by god, whose translation from the Nahuatl to Spanish is "heart of the sky," "the Master of Near and Far," or "giver of life."

Nature is very important in most of these poems, because it serves as a safe haven in the process of creation. The present-day poetic voice travels again, and it is possessed by the spirit of Macuilxochitzin, walking in Tezcutzingo, the garden that Nezahualcoyotl, the Poet King, had built. The gardens are a paradise of natural beauties, flowers, hummingbirds, cenzontl birds, toucans, and fireflies. It is the safe haven for both poets, who walk through these gardens spiritually, a space of communication between the spirits of the here and the beyond in which the poetic voice gives sound to the words of the forger of songs. She speaks to her in the second person as if to confirm her imagination, her steps, her walk through the garden. The words and actions of the Aztec poet are not lost on the wind, and they persist in memories, "the memory of your people, / the history of your blood … / The battles are remembered, / the stars recognized."

Finally, Macuilxochitzin's body is scattered throughout the universe: it is art, it is music, it is nature represented by jade, the hurricane, butterfly, and orchids in the night.

To conclude, "You Will Weave Destiny" gives us more than history. It gives us the inner workings of a poetic being. It leads us to what the poet of Tenochtitlan would have experienced as a woman, daughter, chronicler, poet, wife, and mother; and at the same time, it brings us closer to her Mexican roots, to the richness of its cultures and its vision of the world. Xánath Caraza affords us a wonderful revelation with these powerful verses, that are finely sculpted, passionate, 'transgressing' time and space, inserting the freshness of Nahuatl poetry into our senses, and paying homage to one of the most important pre-Hispanic poets. It was undoubtedly a woman who painted the world in which she lived with such poetic gifts, embroidering images that were initially fragmented, and transcending the centuries with her philosophy of life. This collection opens the door to an intimate dimension that emphasizes the importance of the voice of women and their active role in the pre-Hispanic Mexica society, as well as encouraging the continuous exploration of this and other forgers of song. "You Will Weave Destiny" is an invaluable resource since it makes us reflect on individual as well as ethnic and cultural identities. As the poetic voice concludes at the end of the poem: "You lived the splendor / of your culture, my roots, / that I can barely understand."

**Álvaro Torres-Calderón, Ph.D**
Associate Professor of Spanish
Department of Spanish & Portuguese
University of North Georgia

# I.   Cuando llegaste al mundo

En un invierno del medio oeste, entre COVID e incertidum-
bre, pienso en ti, Macuilxochitzin y veo cómo tus primeros
llantos fueron cubiertos de piedras preciosas. Yo también
estuve ahí, te di la bienvenida al mundo con mis versos.

# I. When You Came into the World

During a Midwestern winter, in the midst of COVID and uncertainty, I think of you, Macuilxochitzin, and I see how your first cries were covered in precious stones. I too was there and welcomed you into the world with my verses.

# Macuilxochitzin

Macuilxochitzin, celebro tu poesía:
tú eres una guerrera águila.
De entre la oscuridad sales,
de la historia perdida emerges.

"*A nonpehua noncuica*"
"Elevo mis cantos"
Frase que vive por siempre.

A Axayácatl celebras,
mujer poeta que registra las crónicas de guerra:
"*In otepehue Axayaca nohuian*",
"Por todas partes Axayácatl hizo conquistas".

Recuerdas en tu poesía a las mujeres
que salvaron a Tlilatl
quien hirió a Axayácatl.

Macuilxochitzin, tienes flores en tu sangre.
Tus cantos, tu poesía:
*in xóchitl in cuícatl*
son recordados por siempre.

A los cuarenta y un años
compusiste palabras eternas.
Por toda la tierra tus cantos dejan huella.

La poesía te reclama, Macuilxochitzin,
tu noble formación se refleja en tus versos:
mujer de palabras de jade.

Macuilxochitzin: poeta con sangre de obsidiana.
¡Que comiencen los cantos!
¡Que comience la danza!
¡*yn in cuicatl*!
¡*yn maconnetotilo*!

# Macuilxochitzin

Macuilxochitzin, I celebrate your poetry:
you are an eagle warrior.
Out of the darkness you appear,
and from lost history, you emerge.

"A nonpehua noncuica."
"I raise my songs."
A phrase that lives forever.

Poet woman who records the chronicles of war,
you celebrate Axayacatl:
"In otepehue Axayaca nohuian."
"Axayacatl made conquests everywhere."

In your poetry you remember the women
who saved Tlilatl
who had wounded Axayacatl.

Macuilxochitzin, flowers flow through your blood.
Your songs, your poetry:
in xochitl in cuicatl,
they are remembered forever.

At forty-one years of age,
you composed eternal words.
Your songs leave their mark across the land.

Poetry reclaims you, Macuilxochitzin,
your noble education is reflected in your verses:
woman of jade-filled words.

Macuilxochitzin: poet of obsidian blood.
May the songs begin!
May the dance begin!
yn in cuicatl!
yn maconnetotilo!

# Nacimiento

La madre se abre
para darte vida.
Del vientre emerges
palabra sagrada.

Las mujeres sabias
te reciben con notas de jade.
Las que leen los sueños
y de sus labios la luz.

A tu llanto celebran,
niña poeta, el que
registrará la historia
de las batallas ganadas.

La delicada música
entre las caracolas
se desliza hasta llegar
a tu piel erizada.

Tatúa tu alma,
con sílabas de viento
y caracteres dorados,
las manos se agitan.

# Birth

Your mother opens
to give you life.
Sacred word, you
emerge from the womb.

Wise women
receive you with notes of jade.
These women read dreams
and from their lips appears the light.

They celebrate your cries,
poet girl, your words
will record the history
of battles won.

The delicate music
slips among the conches
until arriving at
the heightened awareness of your skin.

From their restless hands,
it tattoos your soul
with syllables of wind
and golden characters.

# Tejerás el destino

Las palabras de jade reciben tu vida:
las puertas a este mundo.
Portales de luz se abren
Niña poeta, Macuilxochitzin.

Noble infanta:
las palabras rodearán tu vida.
Eres la más hermosa,
la flor más tierna.

Con bendiciones de floreadas turquesas
tu garganta se llenará.
Con hilos de jade
tejerás el destino de las letras.

Niña poeta estás envuelta
en mantas de sabiduría
creadas para tu espíritu
de estrellas y eterna luz de luna.

# You Will Weave Destiny

Jade-filled words receive your life:
the doors to this world.
Portals of light open,
poet girl, Macuilxochitzin.

Noble princess:
words will surround your life.
You are the most beautiful,
most tender flower.

Your throat will be filled
with blessings of flowery turquoise.
With threads of jade,
you will weave destiny from the words.

Poet girl, you are wrapped
in cloaks of wisdom
created for your spirit
of stars and eternal moonlight.

## La madre da a luz

La madre da a luz,
al ritmo de tu llanto,
cantos de bienvenida
te reciben este día.

Las abuelas rodean
el petate donde
ves el mundo por primera vez,
recitan dulces palabras

entre humo de copal,
perfume para el alma,
flores y agua del más
claro manantial.

Tu voz: ululantes poemas.
El llanto encuentra eco
en la casa alumbrada
por los primeros rayos.

# Your Mother Gives Birth

Your mother gives birth
to the rhythm of your cries,
songs of welcome
receive you on this day.

The grandmothers surround
the petate where you
see the world for the first time.
They recite sweet words

amidst copal smoke,
perfume for the soul,
flowers and water from
the purest natural spring.

Your voice: fierce poems.
Your cry encounters an echo
in the house illuminated
by the sun's first light.

# Lluvia de pétalos

Lluvia de pétalos
es tu voz.

Cada uno, una sílaba
arrastrada por el viento.

Las aves entonan
sus cantos de bienvenida

este día destinado
a los forjadores de cantos.

Tu nombre, destino,
Cinco-Flor, Macuilxochitzin.

El dios de las artes,
del canto y la danza

cubre la palabra escrita
que de esta niña que nace.

## A Deluge of Petals

Your voice is
a deluge of petals.

Each a syllable
dragged by the wind.

Birds warble
songs of welcome

on this day destined
for the blacksmiths of song.

Your name, destiny,
Five-Flower, Macuilxochitzin.

The god of the arts,
of song and dance

covers the written word
given by the girl just born.

## La octava

La octava en la vida,
una madre para ti,
un padre para doce
que compiten
por la fuerza del rayo.

Pequeño jade es tu espíritu
princesa de áureas palabras.
Tu llanto se vuelve eco
en las cavernas de agua
llenas de oníricos deseos.

¡Que vibre tu garganta!

¡Que se llene de flores la voz!

# The Eighth Child

The eighth child in life,
a mother for you,
a father for twelve
who compete
for the power of lightning.

Your spirit is small jade,
princess of golden words.
Your cries become echoes
in the watery caverns
full of oneiric desires.

Let your throat vibrate!

Let your voice be filled with flowers!

# Hija de Tlacaélel

Hija de Tlacaélel:
mujer noble
de privilegiada cuna.

Son las palabras las que te hacen real.
Tu nombre en los versos,
la feminidad en tus estrofas.

El talento mezclado en las venas.
El canto se forjó en tu espíritu,
los dioses se albergaron en tu huipil.

Tu tez morena y negra cabellera
al sol se expusieron para adorar
la gran bóveda celeste.

En tu piel habitan tatuajes sagrados
que abren el corazón a las artes.
La poesía es tu aliento.

# Daughter of Tlacaelel

Daughter of Tlacaelel:
noble woman
of privileged birth.

Words are what make you real.
Your name in the verses,
femininity in your stanzas.

Talent coursed through your veins.
Song was forged in your heart,
the gods sought refuge in your huipil.

Your brown complexion and black hair
were exposed to the sun to worship
the great celestial dome.

Sacred tattoos inhabit your skin.
They open your spirit to the arts.
Poetry is your breath.

# Poeta y guerrera

La caracola anuncia tu voz:
entonas la palabra de jade
donde registras la historia
de tu padre.

Hija y poeta pintas de rojo y negro
el amate, sabiduría y color.

Los huracanes lo estremecen
todo con la fuerza de tu voz.

Poeta y guerrera, las flechas
emergen de tu garganta
para hacer temblar la tierra.

# Daughter and Poet and Warrior

The conch announces your voice:
you intone the jade-filled word
where you record the history
of your father.

Daughter and poet, with red and black
you paint the amate paper, wisdom and color.

Hurricanes rock everything
with the strength of your voice.

Poet and warrior, arrows
emerge from your throat
to make the earth tremble.

# El recuerdo de un pueblo

La palabra-recuerdo se impregna
en la atmósfera, tu voz la conjura.

Macuilxochitzin, poeta, mujer
de los cantos sagrados,
traes la memoria al mundo.

El recuerdo de un pueblo
perdido.

El huipil de fino algodón
lleva bordadas las sílabas
de tu poesía.

Tus manos elaboran los ritmos
y los dedos tocan las notas
musicales de tu interior.

Hija de Tlacaélel, princesa
del canto, del recuerdo y
la poesía.

# The Memory of a People

The word-memory permeates
the atmosphere, your voice conjures it.

Macuilxochitzin, poet, woman
of the sacred songs,
you bring remembering to the world.

The memory of a people
lost.

A huipil of fine cotton
carries the syllables
of your poetry embroidered.

Your hands embellish the rhythms
and your fingers play the musical notes
from within.

Daughter of Tlacaelel, princess
of song, of memory,
of poetry.

# Poeta de jade

El palacio donde vives,
princesa y poeta,
está lleno de murales.

Caminas entre los pasillos para
disfrutar el viento de la tarde.
Recorres los muros gruesos
y te entregas a las historias
pintadas.

Los tatuajes de tu cuerpo
son otros murales.

Tu pierna lleva el símbolo
de la palabra,
tu muslo el de la poesía: la flor.

Eres tú, el palacio de la poesía.
El canto nace de tu corazón:
poeta de jade eterno.

# Poet of Jade

The palace where you live,
princess and poet,
is filled with murals.

You walk through the hallways to
enjoy the evening breeze.
You travel the thick walls
and dedicate yourself to
the painted histories.

The tattoos on your body
are murals too.

Your leg carries the symbol
of the written word,
your thigh, that of poetry: a flower.

You are the palace of poetry.
Song is born from your heart:
poet of eternal jade.

# De la poesía eres

Un códice, de un tiempo remoto,
se desdobla en la memoria.
Pinturas hechas poesía:
Flor y Canto entonas para Tlacaélel.

Guerrero inigualable,
padre ejemplar, grabado
en el papel amate con tu voz
en el color que se expande.

Cinco siglos para encontrarte
para saber quién eras en realidad.
¿Cómo sobreviviste el paso del tiempo?
Reina de la poesía eres y lo serás.

# You Are of Poetry

A codex, from a distant time,
is unfolded in memory.
Paintings turned poetry:
you intone Flower and Song for Tlacaelel.

Exemplary father,
incomparable warrior, engraved
on amate paper with your voice
in the color that expands.

Five centuries to find you,
to know who you really were.
How did you survive the passing of time?
You are and always will be the queen of poetry.

# Áurea poeta

Áurea poeta,
líquida es tu voz
en la historia
de mi sangre.

De jade tu corazón,
de obsidiana la mirada,
princesa y guerrera
de la palabra.

Dueña de un mundo
desconocido,
de un mundo mutilado.

Viviste el esplendor
de tu cultura, mis raíces,
que apenas puedo entender.

# Golden Poet

Golden poet,
liquid is your voice
in the history
of my blood.

Your heart of jade,
your gaze of obsidian,
princess and warrior
of the word.

Owner of an
unknown world,
a mutilated world.

You lived the splendor
of your culture, my roots,
that I can barely understand.

# Nobleza en tu linaje

Nobleza en tu linaje.
Sabios, emperadores,
poetas y guerreros fluyen
en la sangre de jade,
rebosantes venas.

Sensibilidad en las manos,
en la piel morena.

Son los ritmos del huehuetl
los que conjuran la palabra,
la garganta se abre,
el bermejo corazón late.

Las caracolas anuncian
el carmín de tu pensamiento
con música en el aire.

El teponaztli resuena
en el vientre con ancestral
oquedad añil.

Pintora de palabras,
la que trae la fuerza
del mar en la voz,
la brisa en la mirada.

Los recuerdos se imprimen
en el papel amate,
las refulgentes estrellas
de malaquita
danzan con tu canto,

Macuilxochitzin: mujer poeta.

## Nobility in Your Lineage

Nobility in your lineage.
Sages, emperors,
poets and warriors flow
in your jade-filled blood,
your brimful veins.

Sensitivity in your hands,
your brown skin.

Rhythms of the huehuetl
conjure the word,
your throat opens,
your blood-red heart beats.

Conches announce
the carmine of your thoughts
with music in the air.

The beat of the teponastle resounds
in your womb with ancestral
indigo hollowness.

Painter of poetry,
you carry the strength
of the sea on your voice,
the breeze in your gaze.

Memories imprinted
on amate paper,
shimmering stars
of malachite
dance to your song,

Macuilxochitzin: poet woman.

# Blanco huipil

Blanco huipil
vistes cada mañana.

Iridiscentes bordados
en el algodón.

Estampado el símbolo
de la serpiente emplumada:
la evolución.

Tu negra cabellera
flota en el aire.

Se enreda con los hilos
de la voz de Ehécatl,
Dios del Viento.

Hija de noble guerrero,
Tlacaélel.

Llevas el triunfo y la estrategia
en la sangre de jade,
la poesía tatuada en la piel.

¡Que comiencen
las danzas del maíz!

¡Que se desborde el agua de los ríos!

¡Que el aroma a vainilla
inunde los sentidos,
la otra música en el aire!

¡Que se eleven los cantos!

# White Huipil

Each morning you don
your white huipil.

Iridescent embroidery
on cotton.

Decorated by the symbol
of the plumed serpent:
evolution.

Your black tresses
float on the breeze,

entangled by the threads
of the voice of Ehecatl,
God of Wind.

Daughter of the noble warrior,
Tlacaelel.

You bear triumph and strategy
in your jade-filled blood,
poetry tattooed on your skin.

Let the maize dances
begin!

Let the rivers overflow their banks!

Let the scent of vanilla
flood our senses,
the other music in the air!

Let the songs be raised!

# Lo derrumban todo

Tus versos entran
a la casa de las pinturas,
del Señor del Lejos y del Cerca,
como ráfagas de viento.

Lo derrumban todo
con la fuerza de tu voz.

Renaces en estas páginas.
Cronista de victorias paternas,
ahora tú:
guerrera águila,
guerrera jaguar.

Las palabras de jade
se esculpen en la memoria.

La filigrana de oro
se graba en el corazón,
en tus versos.

El telar de cintura
se llena de palabras.

Las sílabas se entretejen
con el color de tu voz.

La calidez de tus manos
las guía para perderse
en la infinita melodía.

Flores en la sangre,
Macuilxochitzin,
elevo mis cantos contigo.

La obsidiana líquida

# They Demolish Everything

Your verses enter
the house of paintings,
home to the Lord of Near and Far,
like a gust of wind.

They demolish everything
with the strength of your voice.

You are reborn on these pages.
Chronicler of paternal victories,
now you:
eagle warrior woman,
jaguar warrior woman.

The jade-filled words
are chiseled in memory.

The gold filigree
is etched on your heart,
in your verses.

Your backstrap loom
is filled with words.

The syllables are woven
with the color of your voice.

The warmth of your hands
guides them to become lost
in the infinite melody.

Flowers in your blood,
Macuilxochitzin.
I raise my songs alongside you.

Liquid obsidian

se entierra en el papel amate
se vuelve
in xóchitl in cuícatl
para la eternidad.

is buried in amate paper,
it becomes
in xochitl in cuicatl
for all eternity.

## II.  La poeta

Hija de Tlacaélel, princesa de la palabra. Eres la que registra el paso del tiempo, la palabra en el viento, los ecos de una vida pintada en la memoria. En la casa de las pinturas las puertas se abren.

## II.    The Poet

Daughter of Tlacaelel, the princess of poetry. You are the one who records the passage of time, the word on the wind, the echoes of a life painted in memory. In the house of paintings, the doors open wide.

# In Xóchitl in Cuícatl

En las salas de poesía
de los palacios de Nezahualcóyotl
los conocedores de astros, los
sabios y poetas se reúnen.

Los músicos acompañan los
profundos pensamientos
que fluyen con el color
de la vida y las armonías entonadas.

Las plumas adornan las paredes
y las antorchas están prendidas
para recibir poesía:
in xóchitl in cuícatl.

Macuilxochitzin, te levantas
para embelesar a los invitados
para honrar al Tloque Nahuaque
para que se extasíen con tu voz.

# In Xochitl in Cuicatl

In the halls of poetry
within Nezahualcoyotl's palaces,
those who know the stars, the
sages and poets gather.

Musicians accompany the
profound thoughts
that flow alongside the color
of life and harmonies intoned.

Feathers adorn the walls
and torches are lit
to give welcome to poetry:
in xochitl in cuicatl.

Macuilxochitzin, you arise
to captivate the guests,
to honor Tloque Nahuaque,
to enrapture them with your voice.

## Las caracolas suenan

Vestida como quetzal estás,
la fiesta se inicia con la música
las chirimías y ocarinas se escuchan.

Iridiscente poeta, tu vuelo va a empezar.
Te miran con agradable sorpresa
anhelan oír tu voz.

Las copaleras humean el sagrado camino.
Entre el humo se escucha tu canto
los huehuetls y teponaztlis palpitan.

La palabra sagrada has conjurado.
Bella poeta, deslumbras con el traje
de iridiscentes plumas.

Las caracolas suenan.

# The Conches Ring Out

You dress as a quetzal,
music begins the party and
chirimias and ocarinas are heard.

Iridescent poet, your flight is going to begin.
They look at you with pleasant surprise,
longing to hear your voice.

Copaleras smolder the sacred path.
Amidst the smoke your song is heard,
the huehuetl and teponastle drums resound.

You have conjured the sacred word.
Beautiful poet, you dazzle with your dress
of iridescent feathers.

The conches ring out.

# Diseños de obsidiana

En la cintura
la fuerza encarnas, Macuilxochitzin,
con el telar de palabras
entrelazas los recuerdos,
el color, la poesía.

Flor y canto,
in xóchitl in cuicatl,
en la urdimbre
de tu voz palpitan.

En los eternos trazos
los tlacuilos dibujan
sílabas turquesas
con ondulado ritmo
de caracoles púrpura.

Diseños de obsidiana
mezclados con cascadas
de cempaxóchitls
en el papel amate.

El humo sagrado de copal
bendice tus cantos,
baña tus manos,
las tatúa de versos.

# Obsidian Designs

Your waist
embodies strength, Macuilxochitzin,
with the loom of words
you interweave memories,
color, poetry.

Flower and song,
in xochitl in cuicatl,
vibrating in the warp
of your voice.

With eternal strokes,
the tlacuilos design
turquoise syllables
with the undulating rhythm
of purple sea snails.

Obsidian designs,
combined with cascades
of cempaxochitls
on amate paper.

Smoke of sacred copal
sanctifies your songs,
bathing your hands,
tattooing them with verses.

## La palabra sagrada

El aliento de vida,
sinónimo del alma,
encuentra eco en tu naturaleza.

La divinidad intangible,
te siente y te ve,
poeta de aire.

La fuerza vital que habita
en todas las cosas,
acomoda tus estrofas.

Tu espíritu emigra
del plano material
al de musicales esencias.

Llena estás, Macuilxochitzin
de este aliento áureo.
La palabra sagrada
emerge de tus cantos.

# The Sacred Word

The breath of life,
synonymous with the soul,
encounters an echo in your nature.

Intangible divinity:
it feels you, it sees you,
poet of the air.

The vital force that inhabits
all things
accommodates your stanzas.

Your spirit migrates
from the material realm
to one of musical essences.

You are filled, Macuilxochitzin,
with this golden breath.
The sacred word
emerges from your songs.

# Con la brisa del sur

Tu cabellera flota con el viento matutino.
El sol se filtra entre los pensamientos.

La poesía se instala en el corazón
y peina la urdimbre con sílabas.

Susurra estrofas entre tus labios,
llena la atmósfera de poesía
que invita a ser mordida.

Su jugosa carne refresca la creatividad
y la mano forja un nuevo canto.

El pelo sigue flotando con la brisa del sur.

# On the Southern Breeze

Your tresses float on the morning wind.
The sun is filtered through your thoughts.

Poetry settles upon your heart
and combs the warp with syllables.

It whispers verses between your lips,
filling the atmosphere with poetry
that invites you to devour it.

Its juicy flesh renews your creativity
and your hand forges a new song.

Your hair continues to float on the southern breeze.

# El silencio

Es el silencio, nada más que el silencio el que me conecta a
ti, poeta.
La luz del atardecer en los ojos crea tu áurea imagen.
Esta tarde te sientas junto a mí para conversar de tu mundo.
Abro el corazón y la mente para comprender tus secretos.
El viento entre las hojas crea una melodía para ti.

## Silence

It is silence, nothing more than silence, that connects me to
you, poet.
Twilight creates your golden image in my eyes.
This evening, you sit beside me to converse about your
world.
I open my heart and my mind to understand your secrets.
The wind between the leaves creates a melody just for you.

# Un pincel

Macuilxochitzin, la ropa blanca
refleja tu espiritualidad.
Poeta mujer, poeta hija,
poeta madre, poeta princesa
cada mañana rezas con el alba
mientras las copaleras arden.

Las palabras visitan la mente,
el papel amate se extiende,
un pincel de pelo grueso
se hunde en la tinta que
grabará para la eternidad
tus alabanzas.

## A Paintbrush

Macuilxochitzin, your white robes
reflect your spirituality.
Poet woman, poet daughter,
poet mother, poet princess,
you pray each morning with the dawn
while the copaleras burn.

Words revisit your mind,
the amate paper is extended,
a thick-bristle paintbrush
is submerged in the ink that
will record your praises
for all eternity.

# Forjadora de cantos

Macuilxochitzin,
Cinco-Flor,
origen de la poesía.

Reconocida o no
llevas el ritmo del viento
entre los dedos de las manos.

Llenas con la fuerza del corazón
el papel amate y cantas al
mundo tus poderosos recuerdos.

Forjadora de cantos
conjuras la creatividad
para el infinito.

# Forger of Songs

Macuilxochitzin,
Lady Five-Flower,
origin of poetry.

Recognized or not,
you carry the rhythm of the wind
between the fingers of your hands.

With the strength of your heart, you fill
the amate paper and sing
your powerful memories to the world.

Forger of songs:
you conjure creativity
for infinite time.

# Los versos guardados

Quiero oír tu voz, Macuilxochitzin,
de tu boca los versos guardados
para la eternidad.

¡Que suenen las cuerdas vocales
con el viento entre los siglos!

¡Que renazca el verso
desde el papel amate!

El viento acompaña tu canto,
sopla con la fuerza del huracán.

El aleteo del colibrí adorna
las estrofas con su ritmo.

Se levantan las manos en
la oscuridad para tocar el papel.

Esta página tiembla
con el aliento del más allá.

## The Verses Saved

I long to hear your voice, Macuilxochitzin,
from your mouth, the verses saved
for all eternity.

Let your vocal cords vibrate
with the wind between the centuries!

Let your verses be reborn
from the amate paper!

Wind accompanies your song,
it blows with the force of a hurricane.

Hummingbird wings adorn
your stanzas with their rhythm.

Hands reach out in
darkness to touch the paper.

This page shivers
with your breath from the beyond.

# Las palabras se bordarán

Los planetas se alinean contigo
para esperar tu voz.

A través del espacio, del tiempo,
la luna recoge la luz de plata
que se reflejará en tu rostro
mientras lees en voz alta.

El blanco huipil se moverá con el viento
y todas tus palabras se bordarán
en la cabellera sin estrellas.

Macuilxochitzin, el sol avanza
con tus ritmos en náhuatl.

Las palabras se hacen canto
para las estrellas, para el mar.

Se mueve tu cuerpo al ritmo
de las caracolas y las antorchas
se encienden con la llegada de
tus estrofas.

# The Words Will Be Embroidered

The planets align with you
to await your voice.

Through space, through time,
the moon gathers the silvery light
that will reflect upon your face
as you read aloud.

Your white huipil will move with the wind
and all your words will be embroidered
on the tresses without stars.

Macuilxochitzin, the sun advances
with your rhythms in nahuatl.

The words become song
for the stars, for the sea.

Your body sways with the rhythm
of the conches, and the torches
ignite with the arrival of
your verses.

# Detrás de las pirámides

La obsidiana envuelve el día
y observas la primera luz
titilar en el cielo.

Venus en la mirada
guía los sentimientos
al papel amate.

La mano se deja llevar
por la luz de este planeta
que alumbra los pensamientos.

Las antorchas se encienden,
las caracolas suenan a lo lejos
y el rumor del agua se escribe.

La noche se agota y el sol
se asoma detrás de las pirámides,
Venus sostiene su brillo.

# Behind the Pyramids

Obsidian envelops the day
as you observe the first light
flickering in the sky.

Venus in your gaze
guides your emotions
to the amate paper.

Your hand lets itself be taken
by the light of this planet
that illuminates thoughts.

The torches are lit,
the conches ring out in the distance,
and the murmur of the water is written.

Night comes to a close and the sun
peeks out from behind the pyramids.
Venus preserves her brilliance.

## Bordas los astros

Contemplas las constelaciones
que inspiran tus palabras.

Serpientes cósmicas se forman
en la concavidad de obsidiana.

El jaguar comparte sus versos,
cascadas de estrellas llenan tu tapiz.

La voz de la luna los acompaña,
la luz es tu canto.

Se desplaza entre los caracteres
que de tu mano nacen.

Bordas los astros en el papel amate
donde escribes.

## You Embroider the Stars

You contemplate the constellations
that inspire your words.

Cosmic serpents are formed
in the obsidian concavity.

The jaguar shares its verses,
cascades of stars fill your tapestry.

The voice of the moon accompanies the poetry,
light is your song.

It moves amidst the characters
that from your hand are born.

You embroider the stars on the amate paper
where you write.

## La primera poeta

Un jardín flotante aparece
en las páginas donde te escribo.

Un bote a la deriva se acerca y
el agua se llena de flores acuáticas
que le cierran el paso.

Eres tú, Macuilxochitzin,
la primera poeta de las Américas.
La mujer poeta registrada en una
de las estrofas, donde ha quedado
tu nombre grabado para la eternidad.

Las páginas de amate son pintadas con poesía,
diseñadas con el pincel de la luna.

Las flores ya no tienen pétalos,
son sílabas en tallo de mil y una forma,
de miles de colores.

Es la poesía la que deja un haz
de caracteres de fuego.
Cierro esta página mientras el agua se desborda.

## The First Female Poet

A floating garden appears
on the pages where I write you.

A drifting boat draws near and
the water fills with aquatic flowers
that block its way.

You, Macuilxochitzin,
are the first female poet of the Americas.
The poet recorded in one
of the stanzas, where your name
remains enshrined for all eternity.

The amate pages are painted with poetry,
designed with the brush of the moon.

The flowers no longer have petals,
they are syllables pruned into a thousand and one shapes
with thousands of colors.

It is poetry that leaves a beacon of light
with characters of fire.
I end this page as the water overflows.

# El jardín de la poeta

Tu refugio, este jardín
que otro poeta ha creado.
Las plantas que se alargan
alcanzan tus manos.

Las flores perfuman tus pasos.
Sus brillos tiñen tus estrofas.

Te mueves entre los senderos
que los colibríes han diseñado
y el cenzontle distrae tus pensamientos.

El vuelo de los tucanes
acompaña tu poesía en este andar.

El perfume de la noche
te abraza con una
poderosa espiral de luciérnagas
que Nezahualcóyotl te envía.

# The Poet's Garden

Your safe haven: this garden
that another poet created and
the plants that stretch out,
reaching your hands.

Flowers perfume your steps.
Their shine colors your stanzas.

You move amidst the paths
that the hummingbirds designed
and the chirping cenzontle distracts your thoughts.

The flight of the toucans
accompanies your poetry on this walk.

The fragrance of the night
embraces you with a
powerful spiral of fireflies
that Nezahualcoyotl sends.

# Baila día y noche

El fuego sagrado baila día y noche
con tus palabras:

Las que ofreces al sol,
las que le cantan a venus,
las que alaban la luna.

La lumbre se agita:
voluptuosas llamas.
El corazón quema el papel amate
donde el cuícatl nace.

Tus sigilosos pasos son la puntuación
que se forma con los ritmos
del huehuetl y teponaxtle.

Le cantas al creador, Macuilxochitzin,
en este púrpura amanecer.
Tu mirada se encuentra con las
cumbres nevadas que de su centro
expulsan la sangre de la tierra.

# It Dances Night and Day

The sacred flames dance night and day
with your words:

Those you offer to the sun,
those that serenade Venus,
those that praise the moon.

The fire flickers:
voluptuous flames.
Your heart burns the amate paper
where the sound of cuicatl is born.

Your surreptitious steps are the punctuation
that is formed with the rhythms
of the huehuetl and the teponaztli.

You sing to the creator, Macuilxochitzin,
on this purple dawn.
Your gaze is interrupted by the
snow-covered peaks that, from their center,
expel the blood of the Earth.

# En la casa de los códices

Las palabras antiguas
están grabadas en tus páginas.
Palabras de tinta negra y roja
donde los sabios guían tu mano.

Son las raíces de la tinta
que se expanden en el amate
para invocar
los recuerdos una vez más.

Tu conocimiento ancestral,
tu formación rigurosa
depositada en tu poesía:
aliento divino.

Barres el polvo del tiempo,
impregnas los colores en
las imágenes que cantan
las penas, las glorias,
las pérdidas.

El corazón y la mano
son abanicos de sabiduría.
Todo queda guardado
en la casa de los códices.

# In the House of Codices

Ancient words
are engraved on your pages.
Words in black and red ink
where sages guide your hand.

The roots of the ink
expand on the amate paper
to invoke
memories once again.

Your ancestral knowledge,
your rigorous education
deployed in your poetry:
divine breath.

You sweep the dust off time,
you impregnate the colors in
the images that sing
the sorrow, the glories,
the losses.

Your heart and your hand
are the source of wisdom.
Everything remains
in the house of codices.

# Tu voz como trueno

Mujer poeta, noble guerrera
de la palabra y el color.

Otros poetas, a tu alrededor,
nutrieron tu poesía.

El público los adora,
coro de sabiduría.

Transgresora del tiempo:
tu poesía transcrita
y rescatada con esperanza.

Cuando leo tus versos,
el viento corre
y eriza la piel.

En el amate
suenan las sílabas:
ancestral palabra.

Fuiste forjadora de cantos,
sigues siendo la primera poeta.

Tu voz como trueno en las páginas.

# Your Voice Is Thunder

Poet woman, noble warrior
of word and color.

Other poets, around you,
nurtured your poetry.

Men and women alike adore them,
chorus of knowledge.

Transgressor of time:
your poetry is transcribed
and rescued through hope.

Every time I read your verses,
the wind brings shivers
to my spine.

Syllables ring out
on the amate paper:
ancestral word.

Forger of songs,
you remain the first female poet.

Your voice is thunder on the pages.

# Efímera vida

Poeta de los rayos del sol
al comienzo del día.
Cada mañana reflexionas
las palabras que brotarán de ti.

Emerge el ritmo poético del
palpitante corazón.

Poeta de la luz, cada día
renaces con las pinceladas
impregnadas de cultura,
de dolor, de efímera vida.

# Ephemeral Life

Poet of sunbeams
at the beginning of the day.
Each morning you reflect
the words that will spring from you.

The poetic rhythm from your
beating heart emerges.

Poet of light, each day
you are reborn with brushstrokes
brimming with culture,
with pain, with ephemeral life.

# Hablar con tu voz

En la casa de las pinturas,
tu voz y los recuerdos
giran como torbellino
de notas musicales.

En cada palabra, una imagen.
En cada imagen, la cultura
del pueblo que te dio vida.

Tu disciplina flota en estas
polícromas melodías, Macuilxochitzin.

Parada en el centro de esta casa
extiendes los brazos para dejar
caer el huipil y desdoblar
los códices de sabiduría.

Ancestrales palabras que
haces hablar con tu voz.

# Speak through Your Voice

In the house of paintings,
your voice and memories
spin like a whirlwind
of musical notes.

In each word, an image.
In each image, the culture
of a people who gave you life.

Your discipline floats on these
polychromatic melodies, Macuilxochitzin.

Standing in the center of this house,
you extend your arms to let
your huipil fall and unfurl
the codices of knowledge.

Ancestral words that
speak through your voice.

# En la puerta del templo

De tu corazón emerge
la voz del agua.
Dejas volar tus palabras.

En la puerta del templo estás
donde esperan tu canto.

Respiras a ritmo de la tierra,
la energía en tu cuerpo pulsa.

Los manantiales crecen
al verte salir y la lluvia
cae con la fuerza de los astros.

El Dador de la Vida está
contigo para honrar
las ancestrales palabras.

Tu aliento recorre
cada rincón de las páginas
como en las paredes de esta casa.

# In the Doorway of the Temple

From your heart emerges
the voice of water.
You let your words fly.

In the doorway of the temple you stand,
where they await your song.

You breathe to the rhythm of the earth,
energy pulsating in your body.

Natural springs rise
when they see you leave and the rain
falls fiercely from the heavens.

The Giver of Life joins
you in honoring
the ancestral words.

Your breath traverses
each corner of the pages
and the walls of this house.

## Frente a los manantiales

Cuando descansas
frente a los manantiales

borbotones de sabiduría
manan del fondo.

Tocan tus dedos
como la tinta al papel.

La poesía empieza:
canto de agua.

Lacustres palabras
para la eternidad.

# Before the Natural Springs

When you rest
before the natural springs

bubbles of wisdom
flow from the depths.

They touch your fingers
like ink to paper.

Poetry begins:
song of water.

Lacustrine words
for all eternity.

# Las letras nacen

Con su piel rosada y verde
la pitaya impregna la vista de color.

Su opalescente pulpa con minúsculas
semillas entre los labios.

La degustas con la brisa
fresca de la noche

mientras una gota de jugo
escurre de los labios.

El sol ha desaparecido y
es entonces que las letras nacen.

# The Words Are Born

With its pink and green skin
the pitaya colors the panorama.

Its opalescent pulp with miniscule
seeds between your lips.

You savor it with the fresh
breeze of the night

while a drop of juice
trickles from your lips.

The sun has disappeared,
that is when words are born.

# Un ave despierta

Las llamas se reflejan en las paredes,
bailan para acompañar la noche.

Las aves canoras ya duermen.
Un ocasional vuelo se descubre
en la bóveda de obsidiana.

Solo el fuego sagrado, avivado
por la fuerza de los dioses,
se contorsiona en la oscuridad.

Danzas de lumbre y poesía
en tus manos, Macuilxochitzin.
Esta noche un ave despierta
entre tus sílabas de jade.

# A Bird Awakens

Flames reflect off the walls,
dancing to accompany the night.

The songbirds are already asleep.
An occasional flight is discovered
in the obsidian dome.

The sacred fire alone, rekindled
by the force of the gods,
contorts in the darkness.

Dances of fire and poetry
in your hands, Macuilxochitzin.
Amidst your jade-filled syllables,
a bird awakens on this night.

# Visita tu recinto

Un xoloitzcuintli ladra en la distancia
anuncia el paso de los ancestros,
ritmos que guían a quienes
hoy han dejado la tierra.

El fiel guía visita tu recinto,
ladra una vez más pidiendo
palabras sagradas.

Las cantas y un cauce de sonido
crece entre las pirámides.
Desde la jungla los pasos viejos
se unen a tu voz.

# It Visits Your Dwelling

A xolo dog barks in the distance
announcing the passing of the ancestors,
rhythms that guide those who
have left the Earth on this day.

The loyal guide visits your dwelling,
barking once again, requesting
sacred words.

You sing them and a riverbed of sound
grows amidst the pyramids.
From the jungle, the ancient steps
become one with your voice.

# La brisa del mar

Es la brisa del mar
la que alimenta el corazón.

Su fragor deslumbra,
la infinitud hace soñar.

Dejas huellas como
haces de fugaces estrellas.

Nace la luna llena:
dibuja un sendero
en el azogado mar.

Creas poesía en la orilla
con espuma y caracolas marinas.

Un cangrejo corre
al descubrir las estrofas,
se pierde en el fondo del agua.

# The Breeze from the Ocean

The breeze from the ocean
is what nourishes the heart.

Its thunderous roar astonishes,
infinity creates a dream.

You leave tracks like
beams of shooting stars.

The full moon is born:
it draws a path
on the restless sea.

You create poetry on the shore
with foam and sea snails.

A crab scurries
to discover the stanzas,
it becomes lost in the depths of the water.

# Los loros salvajes

Los loros salvajes vuelan
entre los cerros tupidos
de verde follaje.

La bruma contiene
los secretos del agua.
Agitan las alas largas
con destellos de sangre.

No son ocasionales visitantes,
habitan en las copas
más altas de la noche.

Los loros salvajes vuelan
entre las hojas de papel amate
mientras invaden la luna llena

y, Macuilxochitzin, escribe.

## The Wild Parrots

The wild parrots take flight
among the hills dense
with green foliage.

The mist contains
the secrets of the water.
Their lengthy wings flap
with hints of blood.

They are not temporary visitors,
they inhabit the tallest
treetops of the night.

The wild parrots take flight
among the pages of amate paper
while they invade the full moon

and Macuilxochitzin, she writes.

# Es la lluvia

Es la lluvia la que
hace cantar a la luna.

La que hace que todo sea
opalescente sueño.

Es la lluvia la que se evapora
en el crepúsculo de bronce.

La que hace que todo
se acabe con la oscuridad.

Es la lluvia la que
hace renacer las flores.

La que suena entre los árboles
y trae vida donde no la hay.

No hay felicidad sin lluvia
la canción infinita comienza.

Esta mañana la escuchas
contar sus secretos.

## It Is Rain

It is rain that
makes the moon sing.

That makes everything
an opalescent dream.

It is rain that evaporates
in the bronze twilight.

That brings everything
to an end with the darkness.

It is rain that
makes the flowers bloom anew.

That rings out amidst the trees
and brings life where there is none.

There is no happiness without rain.
The infinite song begins.

On this morning you can hear it
sharing its secrets.

# Lienzo sagrado

En la oscuridad la esmeralda luz
se mueve con el viento,
penetra los poros del papel.

La poesía viaja con la bruma,
se desliza a la copa más alta,
en cocuyo se transforma.

Se incrusta en tu corazón, Macuilxochitzin,
fluye en tu tatuado cuerpo:
lienzo sagrado.

La poesía canta a través de tu voz,
agita el huipil adornado con versos.
Las flores derraman sus pétalos.

## Sacred Canvas

In the darkness, emerald light
sways with the wind,
penetrating the pores of the paper.

Poetry travels with the fog,
it slips into the tallest treetop,
and into a firefly, it transforms.

It embeds in your heart, Macuilxochitzin,
flowing through your tattooed body:
sacred canvas.

Poetry sings through your voice,
it rustles your huipil adorned by verses.
The flowers shed their petals.

# Se levanta la bruma

Los pasos de la tormenta
alcanzan el atardecer.

La oscuridad invade,
el viento sopla poesía
y un estruendo desgarra
el silencio.

Se levanta la bruma
de las copas más altas.
La noche se llena de
nacarada humedad.

De opalescentes sueños
que solo la luna llena
hace realidad.

Entre tanto silencio
los versos apenas se vislumbran.
Tu mano dibuja, Macuilxochitzin.

# The Fog Rises

The steps of the storm
arrive at dusk.

Darkness invades,
the wind blows poetry
and thunder ruptures
the silence.

The fog rises
from the tallest treetops.
The night is filled with
nacre dampness.

With opalescent dreams
that only the full moon
makes real.

Amidst so much silence,
the verses are barely discerned.
Your hand draws, Macuilxochitzin.

## Sombras lunares

Entre las nubes
asoma su redondez.

Ilumina de poesía
la superficie de la tierra.

Luna roja que canta
delicados versos.

Su luz crea sombras,
repletas de tu poesía.

Sombras lunares secretas,
para quienes se detienen a ver.

## Lunar Shadows

Full-bodied,
it appears through the clouds.

It illuminates the surface
of the Earth with poetry.

Red moon that sings
subtle verses.

Its light creates shadows
full of your poetry.

Secret lunar shadows,
for those who take the time to see.

# El corazón del cielo

El corazón del cielo
ruge ante tu paso.

Una serpiente nacarada
se agita en la bóveda turquesa.

No hay aves policromáticas,
le huyen al viento de agua.

El corazón del cielo
gira a tu alrededor.

Decora tu larga cabellera
con luz del fondo del mar.

# The Heart of The Sky

The heart of the sky
roars before your steps.

A nacre serpent
rustles in the turquoise dome.

There are no more polychromatic birds,
they flee the watery wind.

The heart of the sky
revolves around you.

It decorates your long hair
with light from the depths of the sea.

# La voz se llena de jade

La voz se llena de jade
para invocar la luna
esta noche cuando
los sabios se reúnen
para compartir poesía.

Tú, orgullosa, llena de
sabiduría exhalas
la palabra antigua.

Entre turquesa y flores
cantos viejos para
la eternidad de barro.

El quinto sol acompaña
el movimiento de tus labios.

## Your Voice Fills with Jade

Your voice fills with jade
to invoke the moon
on this night when
the sages gather
to share poetry.

Proud, full of
wisdom, you exhale
the ancient word.

Amidst turquoise and flowers,
ancient songs for
the clay-filled eternity.

The fifth sun accompanies
the movement of your lips.

# Das vida

Das vida a las palabras azules.
Cantas los versos rojos y negros.
Repites las estrofas verdes
para celebrar la vida.

Festejar los astros,
honrar a los ancestros
es tu regalo divino
en esta vida de poesía.

El Dador de la Vida acompaña
cada una de tus líneas.
Tus palabras como flechas
al corazón del cielo viajan.

Los cascabeles con su estrépito
bailan entre tus líneas y
las flores se agitan al sentir
tu voz, Macuilxochitzin.

## You Give Life

You give life to blue words.
You sing red and black verses.
You repeat the green stanzas
to celebrate life.

Exalting the stars,
honoring the ancestors
is your divine gift
in this life of poetry.

The Giver of Life accompanies
each one of your lines.
Your words like arrows
to the heart of the sky.

Clanging bells
dance between your lines and
flowers sway upon feeling
your voice, Macuilxochitzin.

## Tú escribes

Rodean las montañas,
con sus cumbres nevadas,
el despertar la tierra.

Te vistes de plumas,
las piernas y brazos
pintados de índigo.

Escribes a los vestigios de la luna
antes de que los dorados
rayos de la mañana
alumbren el papel amate.

El fuego sagrado sigue
contorsionándose en
lo alto de las pirámides.

Tú escribes.

## You Write

The mountains,
with their snow-covered peaks,
surround the awakening of the Earth.

You dress in plumage,
your arms and legs
painted indigo.

You write to the vestiges of the moon
before the golden
rays of morning
illuminate the amate paper.

The sacred fire continues
contorting itself at
the height of the pyramids.

You write.

# Nunca se pierdan

La palabra-recuerdo queda
en tus líneas:

la memoria de tu pueblo,
la historia de tu sangre.

Una y otra vez los cantos
se enuncian entre la gente.

Las batallas se recuerdan
los astros son reconocidos.

Ofreces la palabra para que
los recuerdos nunca se pierdan.

# Never Lost

The word-memory
remains in your lines:

the remembrance of your people,
the history of your blood.

Once and again the songs
are articulated among the people.

The battles are remembered,
the stars recognized.

You offer your words so
the memories will never be lost.

# La ceiba

Tu cabellera, Macuilxochitzin,
con el viento nace, se enreda
con las ramas de la ceiba
y los nidos del cenzontle.

Tu voz de mil colores:
polícroma melodía.
Tus dedos son las raíces
de este milenario árbol.

Sagrado tronco es tu cuerpo,
la voz de la tierra en cada
trinar de la mañana.

# The Ceiba Tree

Your mane, Macuilxochitzin,
born with the wind, wrapped around
the branches of the ceiba tree
and the nests of the cenzontles.

Your voice of a thousand colors:
polychromatic melody.
Your fingers are the roots
of this millennial tree.

Your body, a sacred trunk,
the voice of the Earth in each
song of the morning birds.

# Viven en ti

El Dueño del Lejos y del Cerca,
del Junto y del Dentro
viven en ti, Macuilxochitzin.

Las plumas del quetzal
con su iridiscente palpitar
ensalzan tus palabras.

Las ramas del ahuehuete
se mecen con la luna
para que tu voz sea viento,

se disperse con el lamento
de las caracolas y los granos
de maíz rojo por toda la tierra.

## They Live in You

The Master of Near and Far,
of Together and Inside,
they live within you, Macuilxochitzin.

The plumage of the quetzal
with its iridescent beat
extol your words.

The branches of the ahuehuete
sway with the moon
so your voice will be wind,

it disperses with the lament
of the conches and the kernels
of red maize spread throughout the land.

# Corre por tus venas

Una cascada de jade
corre por tus venas.

Lleva la fuerza del
huracán a tus manos.

Los pinceles dibujan
las palabras sagradas.

Tu recuerdo se imprime
en cada trazo

como mariposa entre
las orquídeas nocturnas.

Tu voz de viento está llena
de polícromas melodías.

# It Courses through Your Veins

A waterfall of jade
courses through your veins.

It transmits the strength of a
hurricane to your hands.

Paintbrushes draw
the sacred words.

Your memory imprints
on each line

like a butterfly amidst
nocturnal orchids.

The wind of your voice is full
of polychromatic melodies.

# Tus cantos

Te preparas para presentar tus cantos:
ya el huehuetl y el teponaxtle vibran
al son de la madre tierra.

Ya el papagayo abre las alas
y el cenzontle espera tu voz
para acompañarte con su trinar.

La gente aguarda frente a ti
y tu huipil se abre como
alas de mariposa.

Acompaña el vuelo de tu voz.
Los chapulines callan sus ritmos
para honrarte y entonar tu palabra.

Ya la lluvia se enreda con el viento
espera tus versos turquesa y tu corazón
de jade se abre con la obsidiana.

## Your Songs

You prepare to present your songs:
the huehuetl and teponaxtle now vibrate
to the sounds of mother Earth.

The parrot now spreads its wings,
the cenzontle awaits your voice
to accompany you with its song.

The people stand before you
and your huipil opens like
the wings of a butterfly.

It accompanies the flight of your voice.
The grasshoppers hush their rhythms
to honor you and intone your words.

The rain now tangles with the wind,
it awaits your turquoise verses and your heart
of jade opens with the obsidian.

# Con estas líneas

Con estas líneas
transgredo el tiempo y espacio,
poeta de mis raíces.

Frente a la cumbre nevada te escribo,
en otro tiempo, en otro lugar.

Nos une una línea dorada
de tu corazón de jade al mío.

Anhelo escuchar tu voz.
Leer tu papel amate,
sentir tus penas y alegrías.

Celebrar tu intricado pensamiento:
tu in xóchitl in cuícatl.

# With These Lines

With these lines
I transgress space and time,
poet of my roots.

I write you before this snow-covered peak,
in another time, in another place.

We are joined by a golden cord
from your heart of jade to mine.

I long to hear your voice,
to read your amate paper,
to feel your sorrows and joys.

To celebrate your intricate thoughts:
your in xochitl in cuicatl.

# Xánath Caraza

Xánath Caraza is a traveler, educator, poet, short story writer, and translator. She writes for La Bloga, The Smithsonian Latino Center, Revista Literaria Monolito, and Seattle Escribe.

In 2019 for the International Latino Book Awards she received Second Place for Hudson for "Best Book of Poetry in Spanish" and Second Place for Metztli for Best Short Story Collection. In 2018 for the International Latino Book Awards she received First Place for Lágrima roja for "Best Book of Poetry in Spanish by One Author" and First Place for Sin preámbulos / Without Preamble for "Best Book of Bilingual Poetry".

Her book of poetry Syllables of Wind / Sílabas de viento received the 2015 International Book Award for Poetry. She was Writer-in-Residence at Westchester Community College, NY, 2016-2019. Caraza was the recipient of the 2014 Beca Nebrija para Creadores, Universidad de Alcalá de Henares in Spain. She was named number one of the 2013 Top Ten Latino Authors by LatinoStories.com.

Her books of verse Where the Light is Violet, Black Ink, Ocelocíhuatl, Conjuro and her book of short fiction What the Tide Brings have won national and international recognition. Her other books of poetry are It Pierces the Skin, Balamkú, Fără preambul, Le sillabe del vento, Noche de colibríes, and Corazón pintado. Caraza has been translated into English, Italian, Romanian, and Greek; and partially translated into Nahuatl, Portuguese, Hindi, and Turkish.

www.ingramcontent.com/pod-product-compliance
Lightning Source LLC
Chambersburg PA
CBHW031423120626
46545CB00006B/2249